Logos the Third

DIMITRIS KAKALIDIS
LOGOS THE THIRD
1st EDITION 2016

ISBN: 978-618-5223-08-3

This book is published by **Megas Seirios Publications**, founded by the **Servers' Society Spiritual Centre** based in Athens, Greece. To find more information about the mission, works and activities of the Society and/or to place an order, please visit our website:
www.megas-seirios.com

or contact us at:
9, Sarantaporou Street, Athens, Greece, P.O.: 111 44
e-mail: info@megas-seirios.com
Tel.: +30 210 20 15 194
Tel./Fax: +30 210 22 30 864

Translation from Greek: Dimitris Fragogiannis
Cover and book design: Marianna Smyrniotou

DIMITRIS KAKALIDIS

Logos the Third

Λόγος ο Τρίτος

MEGAS SEIRIOS
Publications

This book is dedicated by the members of
Omilos Eksipiretiton (The Servers' Society)
to the entire spiritual world that embraced
with true interest and love the work of the late
poet and philosopher Dimitris Kakalidis.

Καταλύομαι,
η εκ των συμπάντων μου δύναμις,
των τεράτων μου φως.
Ήχος ο εφεσιβαλλόμενος Λόγος
ο αναμενόμενος της απείρου νυκτός.
Εν τω οίκω μου η διατασσόμενη γνώση
την άγνοιά μου υποδέχεται
και αποδεχόμενος την αιωνιότητά της
καταβαίνω εις άβυσσον,
ότι τέρας τεράτων εγώ
των αθανάτων ο ιλασμός.

I am abolished,
from the universes my strength,
of my beasts the light.
A sound the challenged Word
of the infinite night the expected.
Within my house the arranged knowledge
my ignorance greets
and accepting its eternity
I descend into the abyss
that beast of beasts, I
of immortals the atonement.

Κατακυρίευσα τα δεινά μου
και εξήλθον του χρόνου μου
Φοίβος ο θρήνος, ηλίων ρυθμός,
για να υπάρχω
εξ απείρου γενόμενος
της σοφίας μου θρύλος,
ο έχων την κυριαρχία του χάους,
διδάχος του απολύτου φωτός.

My sufferings I dominated
and from my time I exited
Phoebus the grief, of suns the rhythm,
so as to exist
of infinite created
my wisdom's legend,
he who over chaos has command,
mentor of absolute light.

Σημαίνω,
στο είναι μου απευθύνομαι,
ανέσπερος των πνευμάτων
τον αιώνα εις τον αιώνα μου ανέτειλα,
αντίλαλος Λόγος
από τον ήλιο στη θάλασσα
από τον ουρανό στη γη
από το άπειρο στον κόσμο
από τον κόσμο στον άνθρωπο
από τον άνθρωπο εις εμαυτόν.

I toll
my being I address,
unwaning of spirits
forever unto my century I have dawned,
echoing Word
from the sun to the sea
from heaven to earth
from infinite to the world
from the world to the human
from the human to my self.

Ελέω εμού
απείρων ηλίων το θαύμα,
χοϊκών μου σωμάτων ο σάλος,
της ουσίας μου ο αντικατοπτρισμός,
άθλος των άθλων,
ιθύνων του φάσματος
του νοός ο δημιουργός.

With my grace
of infinite suns the miracle,
of my earthly bodies the tumult
of my essence the reflection,
feat of feats,
mastermind of the spectrum
of mind the creator.

Επέκεινα της διανοίας μου ο άρχων
μείζων του είναι μου,
της οντότητάς μου ο γεννεσιουργός
το νόημα της ύπαρξής μου
εις άπειρον επαύξησα
γνωμοδότης κανόνας,
της αφαιρέσεως των συμπάντων
ο τελικός απολογισμός.
Τη ελεύσει μου
των μορφικών εκδηλώσεων ο συγκερασμός,
εν τη αποσύρσει μου
την ανεικόνιστη θεότητά μου θαυμάζω.

Beyond my intellect the ruler
greater than my being,
of my entity the creator
the meaning of my existence
to infinity I have expanded
advisory rule,
of universes the removal
the final assessment.
In my advent
of morphic manifestations the coalescence,
in my withdrawal
my unimaged divinity I admire.

Εξέλεξα των αμβώνων
ως προτέρα τη γη
και αποφάσισα:
Εφήμερος ο ανθρώπινος βίος μου
ότι της βασιλείας μου η μορφή
εναντιωμένη εμού
της ουσίας παρέκκλινε
και τη ζωή της δικής μου ζωής,
την ψυχή της δικής μου ψυχής
απώλεσε στον αιώνα.

Of pulpits I chose
Earth as antecedent
and decided:
Passing is my human life
as the form of my reign
opposed to me
from the essence it deviated
and the life of my own life,
the soul of my own soul
forever it has lost.

Το τραγούδι μου φως,
και το κλάμα μου σκότος,
η αγάπη μου δύναμη
της ακάνθου ανθός.
Εξέρχομαι και ανευρίσκομαι
ο αναζητών.
Συνειδητοποιός των ανέμων,
ειρηνοποιός των υδάτων,
ο αείζωος των κοσμικών μου πυρών.

Light is my song,
and darkness my cry,
strength is my love
of the acanthus flower.
I exit and I am found
the seeker.
Realizer of winds,
peacemaker of waters,
of my cosmic fires the everliving.

Εξ ιδίας θελήσεως
υπάρχω αυθύπαρκτος
εξ ιδίων δυνάμεων,
γνώσεως, αγάπης.
Εξ ιδίου μου πάθους
των παθών μου ο μάρτυρας,
εξ ιδίας υφής μου
η ζωή της ζωής μου.
Εξ ιδίων αφάτων μου κόσμων οι κόσμοι μου,
εξ ιδίου μου Λόγου οι Λόγοι
ορατών και αοράτων πλασμάτων μου
στου Ναδίρ και Ζενίθ μου τον πόθο.

Of my own volition
Self-existent I exist
of my own forces,
of knowledge, love.
Of my own passion
of my passions the witness,
of my own texture
the life of my life.
Of my own ineffable worlds my worlds,
of my own Word the Words
of my visible and invisible creatures
at my craving's Nadir and Zenith.

Η κάθε μου ώρα
χρόνος κι αντίχρονος
της κάθε μου μέρας
η άκτιστη φύση.
Άρχω του μηδενός!
Ο ποιών τις ερήμους,
ο ποιών τους λειμώνες,
ο ποιών των αγγέλων
τα λουλούδια της γης,
αρχαγγέλων τους κρίνους
και δαιμόνων σκοτάδια,
ο ποιών των Αγίων
τη σιωπή της ζωής.

My every hour
time and counter-time
of my every day
the uncreated nature.
I rule over nothingness!
The creator of deserts,
the creator of grasslands,
the creator of angels
the flowers of earth,
of archangels the lilies
and of demons the darkness,
the creator of Saints
the silence of life.

Διατάζω,
εξαναγκάζω τη ζωή μου,
σε ποινή παρουσίας η απουσία μου
υποβάλλεται.
Εξ ιδίων μου κρίνομαι,
ένοχος Λόγος της αθωότητάς μου ο κριτής
κι ανέμελος των συμβάντων εγώ,
στη δυναστεία μου ανελέητος επιμελητής,
φρουρός της περιφέρειας και του κέντρου
ο περιφλεγής εαυτός μου
στης ισονομίας μου το κράτος
του αειπύρου Εαυτού υπερίσταται.

I command,
I coerce my life,
to a penalty of presence my absence
is subjected.
Of my own I am judged,
guilty Word of my innocence the judge
and I, untroubled by the events
in my dynasty a relentless caretaker,
guardian of the circumference and the center
my fiery self
in my justness the state
of the ever-burning Self oversees.

Πείθομαι τη ανάγκη μου, ο Θεός.
Εντέλλομαι!
Των θαλασσών τους βυθούς
στις πεδιάδες ευαγγελίζομαι.
Υπερύψηλα τα δυσοίωνα όρη
στους ευοίωνους ουρανούς αναπαύονται.
Σημαίνω!
Η βασιλεία του θανάτου
ληξιπρόθεσμη στη γη της επαγγελίας μου.

Of my need I am persuaded, the God.
I am commanded!
Of seas the depths
in the plains I evangelize.
Immense the ominous mountains
on the auspicious heavens rest.
I toll!
The reign of death
overdue within my promised land.

Κρουνοί των κρουνών
των πηγών μου ροή,
γαλουχός μου η θήλεια
της ουσίας μου ύψιστη φύση.
Της ιερής συζυγίας μου ο ενοποιός
τη ευλογία της δόξης μου εγώ,
ο αρρενοποιός καταιγισμός,
το τρισυπόστατο ποιώ
και επί του κόσμου μου
ήλιος ηλίων,
στους αιώνες της ζοφερής μου νυκτός
κατανέμομαι.

Fountains of fountains
of my sources the flow,
my feminine nurturer
of my essence the superior nature.
Of my sacred conjugation the unifier
the blessing of my glory, I
the masculine-forming cascade,
the triune I create
and on my world
sun of suns,
in the centuries of my grim night
I am allotted.

Λόγος ο τρίτος,
στη θεογονία μου
των οραμάτων μου ο εναγκαλισμός,
γόνος αρχέγονος,
εκκλησιαστής των απολωλότων,
στην παντοδυναμία μου
ο αρχιερέας της δοξολογίας των εωθινών.

Logos the third,
in my theogony
of my visions the embrace,
primordial spawn,
preacher of the lost,
in my omnipotence
the high priest of the matutinal doxology.

Αμήν τα σύμπαντα
Αμήν τα όντα μου
Αμήν ο Λόγος τους
Λόγος δικός μου
Αμήν ο χρόνος τους
Αμήν στο χρόνο μου
Αμήν το σώμα τους
Αμήν στο ασώματο βασίλειό μου.

Amen the universes
Amen my beings
Amen their Word
Word of my own
Amen their time
Amen to my time
Amen their body
Amen to my bodiless kingdom.

Ακατασίγαστος
των προβολών μου ο πειρασμός,
ακατανίκητος
των ερημητηρίων μου ο μοναχισμός,
αμετάκλητος
των πλανητών μου ο προορισμός,
ακαταπόνητος
των ηλίων μου ο εκκλησιασμός.

Στη μεγαθυμία μου
ακοίμητος
των αγίων μου ο εορτασμός.

Irrepressible
of my projections the temptation,
invincible
of my hermitages the monasticism,
immutable
of my planets the destination,
indefatigable
of my suns the congregation.

In my magnanimousness
sleepless
of my saints the celebration.

Ο Λόγος μου
ιερός, πάνσεπτος,
μέγιστος, θείος,
και τα μυστήριά μου υπέρτατα,
ανεπανάληπτα, μοναδικά,
ιδέες αξεπέραστες των θεϊκών μου ειρμών,
που την αιωνιότητά μου
αέναα εξουσιάζουν.

My Word
sacred, venerable,
greatest, divine,
and my mysteries supreme,
unequalled, unique,
ideas insurmountable of my divine reasonings,
which my eternity
perpetually dominate.

Εγώ το πυρ,
εγώ το φως,
τ' αδιαίρετο, άπειρο
της ουσίας μου θαύμα,
των ονείρων η άβυσσος,
της αλήθειας η έμπνευση,
της μορφής μου τα άχραντα
μυστηρίων μου όντα.

I the fire,
I the light,
the indivisible, infinite
of my essence the miracle,
of dreams the abyss,
of truth the inspiration,
of my form the immaculate
of my mysteries the beings.

Ο καταποντισμός των ουρανών,
η ανάδυση των πολιτισμών,
εκμαιευτής των θαλασσών,
ο ηγεμόνας των δυνάμεων
της κοσμικής μου κυριαρχίας.
Στρατιές στρατιών,
μαχητές μαχητών
των ασβέστων πυρών μου
το φως απαυγάζουν.
Σεπτά τα έπη των λαών μου,
στο μεγαλείο μου υποκλίνονται.

The sinking of heavens,
the emergence of civilizations,
of seas the elicitor,
the ruler of forces
of my cosmic domination.
Armies of armies,
fighters of fighters
of my inextinguishable fires
the light they radiate.
Venerable are the epics of my peoples,
to my greatness they yield.

Οι βουλές μου οι θεοί,
οι βουλές μου η ζωή,
οι βουλές μου ο χρόνος, ο κόσμος.
Τη θελήσει μου η άβυσσος
επί του τύπου των ήλων
της άχραντης φύσης μου
τον δάκτυλο θέτει.

My wills the gods,
my wills the life,
my wills the time, the world.
At my will, the abyss
upon the imprint of nails
of my immaculate nature
its finger places.

Ενεδυσάμην τον άνθρωπο
και ενεδύσατό με η κτίσις μου,
ότι οργιοφάντης των πυρών μου εγώ
και απ' αρχής της γενεαλογίας μου
αναμάρτητος του οργασμού μου ο πυρετός.

The human I have attired
and my creation has attired me,
that an orgiophant of my fires - I
and from the origin of my lineage
sinless of my orgasm the fever is.

Πυρεσσούσης της δόξης μου
ο δισυπόστατος θρήνος
ως η αναγκαιότητα
της απολυταρχίας μου υπάρχω.

Διαχρονικό το παρόν μου,
ότι στο απώτατο μέλλον
τις προθέσεις του παρελθόντος μου εξεδήλωσα.

Of my feverous glory
the dualistic mourning
as the need
of my absolutism I exist.

Timeless is my present,
that in the distant future
the intentions of my past I have expressed.

Εγώ η αρχή τον απείρου,
ο ένας, ο κοσμογονικός αριθμός,
και ως άνθρωπος,
εκ του πανάγιου στόματός μου
τον υπέρτατο Λόγο μου ακούω,
και εις τους αιώνας των αιώνων
τα μεγαλεία της δημιουργίας μου
διδάσκομαι ο πεπτωκώς.

I, the beginning of infinity,
the one, the cosmogonic number,
and as a human,
through my holy mouth
my supreme Word I hear,
and unto the ages of ages
the greatness of my creation
I am taught, the fallen.

Απέριττος, πολυεδρικός ο ναός μου.
Θεός της σιγής μου εγώ,
αθανάτων αθάνατος,
τα των πηγών της σοφίας μου γιγνώσκω
και, ίνα μη απολεσθή η μοναδικότητά μου,
επί του παντός μου εδράζομαι
και δια του Εγώ του εκφερόμενου Λόγου μου
το είναι μου άδω.

Austere, polyhedral my temple is.
God of my silence - I,
of immortals the immortal,
of the sources of my wisdom I know
and, lest my uniqueness perish,
on my all I rest
and through the Self of my conveyed Word
my being I sing.

Φανατίζω τους κόσμους.
Ως κατιών εκλαμβάνομαι
και εκπεσών των ονείρων
εν τοις ανθρώποις διχάζομαι
ο ακατονόμαστος πειρασμός.
Ποιητής της φλογός μου εγώ,
εις εαυτόν διατάσσομαι,
του εωσφορικού μου νοός επιλαμβάνομαι,
ο της σαρκός μου την γη ευδοκών.

The worlds I fanaticize.
As descendant I am perceived
and as the fallen of dreams
within humankind I am divided
the unspeakable temptation.
Poet of my flame - I,
into myself I am ordered,
to my luciferian mind I attend,
of the land of my flesh the supporter.

Έκραξέ με ο ήλιος μου
ότι οι σκιές του παντός
στην ακτινοβολία μου εναντιώθηκαν.
Γεγραμμένον εστί·
οι προβολές μου δε θέλει πειράσειν με στον αιώνα.
Το απόλυτο φως της νυκτός μου εγώ
με τις προβολές μου εναλλάσσομαι
και δια των σκιών μου υπάρχω.

My sun called to me
that the shadows of all
to my radiance have opposed.
It is written;
my projections shalt not tempt me through eternity.
The absolute light of my night - I
with my projections I alternate
and through my shadows I exist.

Με την ημέρα μου εξοικειώνομαι ο ουρανός,
το χάος μου σκοπώ,
Θεός του πολέμου εγώ,
δυνάστης τυραννικός,
της εξωτέρας μου φύσης
ο εξαναγκαστικός πνευματικός μου λιμός.

With my day I am familiarized the heaven,
 My chaos I survey,
God of war - I,
tyrannical oppressor,
of my external nature
my forced spiritual famine.

Διακατέχομαι των ρευμάτων
πένης εν αναβρασμώ,
ασυγκράτητο, φοβερό
των λαών μου το έφηβο πάθος,
των ζωομορφικών βασιλείων μου η επέλασις,
των μορφοποιημένων πνευμάτων η δράσις.

By currents I am possessed
the destitute in turmoil,
unrestrained, terrible
of my peoples the adolescent passion,
of my zoomorphic kingdoms the onslaught,
of the formed spirits the action.

Πυρρίχιος του νοός μου ο ρυθμός,
στις εκστρατείες μου
την αγωνία του παντός θεμελιώ
και έως συντελείας
των θεϊκών μου οραματισμών
την απόφαση για την τελευτή
του αιώνος μου κτίζω.

Pyrrhic of my mind the rhythm,
in my crusades
the agony of it all I underpin
and until the completion
of my divine visions
the decision for the ending
of my century I build.

Την κενότητα των σκευών μου πληρώ,
αειχρόνιος άρχων,
επί των χειρών μου το σύμπαν μου φέρω,
ο εμπαίζων τη μοίρα μου,
ο ορίζων την τύχη μου,
ο ενέχων στο πνεύμα μου
τους απείρους μου κόσμους.

The emptiness of my vessels I fill,
everlasting ruler,
on my hands my universe I carry,
the mocker of my fate,
the definer of my fortune,
the bearer within my spirit
of my infinite worlds.

Δια της σιγής μου ομιλώ,
στο νου των όντων μου δρω,
την οντότητά μου
στην αστείρευτη γνώση
της φύσης μου εκπαιδεύω.
Ο φανερός μου δαίμονας
άγιος εν κρυπτώ,
Κέρβερος των αισθήσεων,
των επιθυμιών μου ο είλωτας,
ο άγων την πρωτοβουλία
των της θελήσεώς μου ένθερμων εραστών.

Through my silence I speak,
upon the minds of my beings I act,
my entity
in the inexhaustible knowledge
of my nature I teach.
My visible demon
a concealed saint,
Cerberus of senses,
of my desires the helot,
the guide of the initiative
of my volition's the passionate lovers.

Ομνύω,
καθ' εκάστην εις εαυτόν ορκίζομαι
ο από καταβολής τας εντολάς μου τηρών.
Εν απείρω νυκτί μου η έκστασις,
ο ρους μου το άχρονο,
ο ρους μου ο χρόνος.
Μεθύσκονται οι ακούοντες το Λόγο μου
και πληρούνται εις την πηγήν του νοός.

I pledge,
on each day to myself I vow
my commandments keepeth since the beginning of time.
In my infinite night the ecstasy,
my flow the timeless,
my flow the time.
Intoxicated are those who hear my Word
and fulfilled at the source of the mind.

Κόλαση η επιθυμία του κόσμου μου,
ζόφος το δράμα του φωτός,
το φέγγος της μέρας,
το θάμπος της νύχτας,
το λάθος του κόσμου
ο μέγας νεκρός.
Εμνήσθη μου ο κεκοιμημένος της σφιγγός,
ότι εν τη αρμονία μου
μοναδικός του απείρου εγώ
ο λυτρωτικός κραδασμός.

Hell the desire of my world,
gloom the drama of light,
the glimmer of day,
the dullness of night,
the error of the world
the great deceased.
Remembered I was by the departed of the sphinx,
that in my harmony
unique of infinity - I
the redemptive pulse.

Επαίρομαι για τη δημιουργία μου,
των ηλίων μου σκέπη εγώ,
σχολή των σχολών,
εν τω γίγνεσθαί μου,
ακμάζουσα η μορφή,
της ψυχής μου τον βίο σπουδάζει.
Αγρυπνώ,
κατά του ύπνου του κόσμου μου στρέφομαι
και της αγίας μου ύλης
την άγρια φύση δαμάζω.

I vaunt of my creation,
of my suns the shelter I am,
school of schools,
in my becoming,
thriving is the form,
of my soul the life it studies.
I am vigilant,
against the slumber of my world I turn
and of my holy matter
the wild nature I tame.

Υφιστάμενος την εκδήλωση της ύπαρξής μου,
στη δικαιοδοσία των ηλίων μου επιβάλλομαι,
ότι το εσώτερο φέγγος των νηπενθών,
ο κεκρυμμένος της φανέρωσης,
εν τη ουσία μου εγώ,
της οπτασίας μου ο άσβεστος λύχνος.

Incurring the manifestation of my existence,
on the jurisdiction of my suns myself I impose
that the inner glow of the nepenthe,
the concealed of manifestation,
in my essence I,
of my vision the inextinguishable lamp.

Τη θελήσει μου τα σκότη
την υπόστασή μου διακωμωδούν,
ασκίαστος στα ερέβη μου
τα των πλασμάτων μου φρονώ.
Διευρύνονται οι ορίζοντές μου
και στις στενωπούς των ατραπών μου
οι ουρανοί μου μεγαλύνονται.
Προς με ελεύσονται οι άφρονες,
ότι στα πυρά μου ενοικώ
και την απειρόμορφη εικόνα μου θάλπω.

At my will, the darknesses
my existence ridicule,
undaunted in my erebi
the affairs of my creatures I contemplate
My horizons expand
and in the narrow alleys of my paths
my heavens are magnified.
To me cometh the unwise,
that in my fires I dwell
and my image of infinite forms I nurture.

Αστείρευτο
της κοσμογονίας μου το λίκνο,
στις εκφάνσεις του μύθου μου
οι ζηλωτές μου με αναζητούν.
Εν τοις έργοις μου υπάρχω,
πραγματικός, συναρπαστικός ο χορός μου
και με τα εφήμερα,
χιμαιρικά μου παιχνίδια καταγίνομαι.

Inexhaustible
of my cosmogony the cradle,
in the manifestations of my myth
my zealots seek me.
Through my deeds I exist,
true, fascinating is my dance
and with my ephemeral,
chimeric games I occupy myself.

Χορεύω η άλυσος,
χορεύω η θάλασσα,
χορεύω ο άνθρωπος,
χορεύω ο ήλιος.
Στην άβυσσο των συναισθημάτων μου
επιδεικνύομαι,
των ιδεών μου ο χορός,
της γης μου εκτόπλασμα,
νάμα του ονείρου μου,
δράμα του απείρου μου,
του νου μου το θαύμα.

I dance - the chain,
I dance - the sea,
I dance - the human,
I dance - the sun.
In the abyss of my emotions
I flaunt myself,
of my ideas the dance,
of my land the ectoplasm,
essence of my dream,
drama of my infinite,
of my mind the wonder.

Αλαλάζοντος του ανέμου
κατά των μυρίων μου στρέφομαι ο τοξοβόλος,
αρχαίος των ημερών κυνηγός.
Στοχεύω τη δύναμη,
στοχεύω την άγνοια,
στοχεύω τη χίμαιρα,
στοχεύω τη γνώση.

Hollering at the wind
against my myriads I turn the archer,
the ancient of days hunter.
I aim at the strength,
I aim at the ignorance,
I aim at the chimera,
I aim at the knowledge.

Με διαδέχεται ο χρόνος,
με διαδέχεται ο κόσμος,
με διαδέχεται ο πόνος,
με διαδέχεται η ζωή.
Άμορφος,
επί των ηλίων μου ιππεύω
και τους πλανήτες μου
με την κηδεμονία μου καθοδηγώ,
στην παρουσία μου αναντικατάστατος εγώ,
της ευδαιμονίας των συμπάντων
ο μοναδικός χορηγός.

Time succeeds me,
the world succeeds me,
pain succeeds me,
life succeeds me
Amorphous,
on my suns I ride
and my planets
through my custody I guide,
in my presence irreplaceable I,
of the bliss of universes
the sole provider.

Εν ταις ημέραις μου φθείρομαι
ο χρονοβόρος μου ήλιος,
η φορά της σαρκός μου ζωή,
η φθορά των οστών μου αγάπη.
Στις γήινες όψεις μου θλίβομαι,
αιωνιότητα οι πνευματικές μου στιγμές,
τη θνητότητά μου συναποτελούν
κι αναγνωρίζοντας την αθανασία μου οι ουρανοί
αέναα με δοξάζουν.

In my days I deteriorate
my time-consuming sun,
the direction of my flesh, life,
the wear of my bones, love.
In my earthly aspects I grieve,
an eternity my spiritual moments,
my mortality they constitute
and avowing my immortality, the heavens
perpetually praise me.

Ενέπνευσαν οι νύχτες τις ημέρες μου,
ενέσκηψαν οι αιώνες μου στο χάος,
εις εαυτόν ενετρύφησα ο άνθρωπος,
εν εαυτώ σεμνύνομαι ο δημιουργός.
Στις διαφοροποιήσεις της ουσίας μου
την απεικόνισή μου ερωτεύτηκα,
ότι στο θαύμα της πολυπροσωπίας μου
αληθινός εγώ, ο Θεός.

The nights inspired my days,
my centuries descended on chaos,
in myself I relish, the human,
in myself I take pride, the creator.
Within the differentiations of my essence
with my portrayal I fell in love,
that, in the miracle of my multifaceted
true self I, God.

Αποσύρονται οι όχθοι της γης
και τα όρη
στης θελήσεώς μου το Λόγο
μετατοπίζονται.
Υποπόδιο των ποδών μου ο χους,
κονιορτός η τελευτή της μορφής
και των συμπάντων μου το άχθος
στη δύναμή μου παραδίδεται
και με την υπόστασή μου ενοποιείται.

The hills of earth withdraw
and the mountains
to my volition's Word
are shifted.
Footstool of my feet, the soil,
dust the ending of form
and of my universes the burden
to my power is surrendered
and with my existence is unified.

Εγώ το δόγμα των δογμάτων,
ο εποπτεύων της ιεροσύνης μου το θεσμό,
ο αναθεωρών τα μεγασύμβολα της πίστεως,
ο εναλλάσσων των θρησκειών μου τα σχήματα,
στο διηνεκές των ναών μου
ο διαιώνιος, δοξολογούμενος
λυτρωτής του παντός.

I, the dogma of dogmas,
the supervisor of my priesthood's institution,
the reviser of the mega-symbols of faith,
the alternator of my religions' schemas,
in the perpetuity of my temples
the eternal, the praised
the redeemer of all.

Πασών θεοτήτων ο ένας Θεός,
πασών θρησκειών μου ο Λόγος,
πασών των νυχτών μου το απόλυτο φως,
πασών των γαιών μου ο μόχθος,
πασών των οδών μου η μόνη οδός,
πασών των μητρών μου το γένος,
πασών γυναικών μου ο ένας ρυθμός,
πασών των ψυχών μου ο ύψιστος αίνος.

Of all deities the only God,
of all my religions the Word,
of all my nights the absolute light,
of all my lands the toil,
of all my roads the only road,
of all my mothers the genus,
of all my women the one rhythm,
of all my souls the highest praise.

Εν τοις εγκάτοις μου
η σφύζουσα πηγή,
ασφυκτιούσα δύναμις,
της φύσεως μου ζόφος.
Εκ της αβύσσου αναβρύζω
ο ακατάσχετος ειρμός,
των πόθων μου η έκχυσις,
των ιδεών μου οι ρήσεις,
ο των μυρίων μου επευφημισμός,
ότι εν αγαθή προθέσει μου
της πονηρίας μου τέρψεις.

Within my depths
the vibrant source,
the suffocating force,
of my nature the gloom.
From the abyss I gush
the uncontainable coherence,
of my passions the effusion,
of my ideas the sayings,
of my myriads the cheering,
that, within my good intention
of my cunningness the delights.

Με τις ιδεοσυλλήψεις μου ταυτίστηκα,
της πολιτείας μου ο ορυμαγδός,
εν τη αγνωσία του κόσμου μου
ο δεινοπαθών,
αγάπησα τη μέρα μου,
εμίσησα τη νύχτα μου,
επίστεψα στη χίμαιρα,
ελάθεψα στο χρόνο.
Γκρεμίστηκαν και ξανακτίστηκαν οι ώρες μου,
χορέψαν οι ιδέες μες στη νύχτα μου,
μαθήτεψε το ψέμα στην αλήθεια μου,
τρανεύοντας την κάθε μέρα μου στο χάος.

With my own concepts I was identified,
of my state the uproar,
in the ignorance of my world
the sufferer,
I loved my day,
I hated my night,
I believed in the chimera,
I erred in time.
Demolished and rebuilt were my hours,
the ideas danced amid my night,
the lie apprenticed in my truth,
within chaos aggrandizing my every day.

Αιωνία μου η ζωή
εν τω θανάτω μου με διχάζει,
των κοιμητηρίων εγώ η αφύπνισις,
εκ των πλανών μου ελεύσομαι
της παρουσίας μου η κρίση,
δευτέρας μου η πρώτη,
της δυαδικότητάς μου η πολλοστή.
Επί ματαίω επαναλαμβάνομαι
και ενώπιος ενωπίω η κενότητα,
εν τη παραδοχή της ανυπαρξίας μου
η ύπαρξη τρομάζω.

Eternal my life
in my death it divides me,
of cemeteries I am the awakening,
through my deceptions I cometh
of my presence the judgment,
of my second the first,
of my duality the umpteenth.
In vain I repeat myself
and face to face the emptiness,
in the premise of my inexistence
the existence I am frightened.

Αρμονικό το απρόσωπο
των απείρων μου όψεων κέρας,
των θαλασσών μου το ον,
ότι εκ των βυθών μου ανέρχομαι
η καταξίωση των δρυμών
και τις ροές μου ενοποιώ,
ελαύνων στην άπειρη αγάπη μου το σύμπαν.

Harmonious the faceless
of my infinite aspects the entirety,
of my seas the being,
that, from my depths I ascend
the validation of forests
and my flows I unify,
guided into my infinite love, the universe.

Η ανθρωπότητα σύμπαν,
αείπυρος της νυκτός,
η ακμάζουσα θήλεια
των σπερμάτων μου κοίτη,
καταχθόνια, κυοφορούσα με μήτρα,
ίνα στο πεδίο της άπειρης γνώσης μου
γεννήση με η άγνοια,
τον άγνωστο Θεό.

The humankind universe,
ever-burning of the night,
the thriving feminine
of my sperms bed,
infernal, gestating me womb,
for -within the field of my infinite knowledge-
ignorance to deliver me,
the unknown God.

Dimitris Kakalidis

Dimitris Kakalidis was born in Athens in 1943. From a young age he delved into philosophy and poetry. His poetic work includes the poetic trilogy "The Concealed Lotus of Manifestation", "Fallen Paradise Holy Matter" & "Logos the Third", the poetic collections "Incentives I" & "Incentives II" as well as the book "Alalum and Hallelujah", which he co-wrote with the poet Dimitris Karvounis. He has written two volumes with analyses of poems and short stories of contemporary Greek writers, the "Wisdom of the Short Story" and "The Wisdom of the Poem"; he uses an innovative method of analysis which has been described by the Greek spiritual world as a worldwide "first" for Greece. His book "The Revelation of the Entity" is a compact form of his philosophical perception of Humanity and Life. This perspective, along with its practical implementation, is what he conveyed through Omilos Eksipiretiton (The Servers' Society), a school of thought that he founded in Athens in 1980. Since then it functions unceasingly, deepening into all philosophical currents and seeking for their essence, with the ultimate goal of improving everyday life of the contemporary human being.

Presentations of his work have been held by the Philological Association "Parnassos", the "Hellenic Literary Society" and "The Panhellenic Union of Writers", while the literary world of the country has received his work and contribution to Greek literature with the most favourable of reviews. He passed away in 1995. Extracts of his books are still being published in literary magazines and poetic anthologies. The pioneering method with which he analyzes the works of poets and writers – the "Kakalidis Method", as the writers themselves have named it – is being presented by Omilos Eksipiretiton in academic and literary conferences internationally. University professors and writers from around the world have shown great interest in this method.

MEGAS SEIRIOS PUBLICATIONS
English Editions

The Concealed Lotus of Manifestation
Fallen Paradise Holy Matter
Logos the Third
a poetic trilogy by Dimitris Kakalidis (bilingual edition)

Incentives I & Incentives II
poetic collections by Dimitris Kakalidis (bilingual edition)

The Revelation of the Entity
by Dimitris Kakalidis

The Wisdom of the Poem
by Dimitris Kakalidis

Spiritual Healing,
A human potential in theory and practice
by Klairi Lykiardopoulou

The Master [1],
First Concepts – First Experiences
by Klairi Lykiardopoulou

The Path from Fear to Fearlessness
by Ioanna Dimakou

Individuality Unity Monad
by Klairi Lykiardopoulou

Seeking... from Alpha to Omega,
Synthesis of Science and Philosophy
by Mina Gouvatsou-Karekou

I Will be Here (poetry)
by Paraskevi Kostopetrou

• **Small Temples on a Wave** (poetry)
• **Fiery Notion** (poetry)
by Vassiliki Ergazaki

Experiences of a Spiritual Healer
by Kiki Keramida

...And the Shadows Became Light
by Klairi Lykiardopoulou

You can Open Your Eyes Now
by Ade Durojaiye

Greek Editions

Dimitris Kakalidis
- The Wisdom of the Poem
- The Wisdom of the Short Story

Poetic Trilogy:
- The Hidden Lotus of Revelation
- Fallen Paradise Holy Matter
- Logos the Third

Poetic Collection:
- Incentives I
- Incentives II

- The Revelation of the Entity

Klairi Lykiardopoulou
- Woman - Exploring her Position and Role in Society
- Man - Exploring his Position and Role in Society
- Couple - Exploring its Position and Role in Society
- Spiritual Healing, *A human potential in theory and practice*
- The Master [1], *First Concepts – First Experiences*
- The Master [2], *The Awakening of the Soul*
- The Master [3], *Processes of the Mind*
- The Master [4], *Accomplishment – Spiritual Healing*
- The Knowledge of the Educator
- The Power of the Woman
- Man and Money, *A philosophical study of their relationship*
- Individuality Unity Monad
- The Family Circle
- The Sacred Task of the Soul
- The Heart of the Earth, *Imaginary Short-stories to give Light to our Planet!*
- The Diachronic Master [1], *Seeking the Knowledge in simple thoughts and deeds*
- The Diachronic Master [2], *Discipleship in the Eternal Truths*
- The Diachronic Master [3], *The Power of Love*
- The Diachronic Master [4], *Our Hidden and Apparent Self*
- ... And the Shadows became Light

Dimitris Karvounis – Dimitris Kakalidis
Alalum and Hallelujah (poetry)

Dimitris Karvounis
- The Crypt and the Nest (and other stories)
- Lilian
- My Spirit Crucified (poetry)
- The Eternally Collected (poetry)

Ninon Dimitriadou-Kampouri
Fear Not, Day is Breaking! (poetry)

Ioanna Dimakou
The Path from Fear to Fearlessness

Kiki Keramida
Experiences of a Spiritual Healer

Petros Panteloglou
The Road I Chose
A Professional Driver's Path to Spirituality

Mina Gouvatsou-Karekou
Seeking... from Alpha to Omega
A Synthesis of Science and Philosophy

Vassiliki K. Ergazaki
- Small Temples on a Wave (poetry)
- Fiery Notion (poetry)
- For the Flowers to Sing (poetry)

Dionisis Dimakos
Flows of Reflection and Heart (poetry)

Paraskevi Kostopetrou
I Will be Here (poetry)

Ade Durojaiye
You Can Open Your Eyes Now